Piano Sonatas No.4-6

By

Wolfgang Amadeus Mozart

For Solo Piano

(1775)

K.282/189g
K.283/189g
K.284/205b

SONATE No. 4
für das Pianoforte
von
W. A. MOZART.
Köch. Verz. No. 282.

Men. I. DC.

SONATE No 5
für das Pianoforte
von
W. A. MOZART.
Köch.Verz. No 283.

Andante.

Coda.

SONATE N⁰ 6
für das Pianoforte
von
W. A. MOZART.
Köch. Verz. N⁰ 284.

Allegro.

RONDEAU EN POLONAISE.
Andante.

VAR. VII.
Minore.

VAR. VIII.
Maggiore.

VAR. IX.

VAR. XII.
(Allegro.)